피임약
처음 먹어요

내 몸에 가장 잘 맞는 복용법

피임약
처음 먹어요

약먹을시간 | 천제하·최주애 지음

시크릿하우스

묻기 부끄러웠지만
꼭 알아야 할 피임약 이야기

"피임약 먹어도 괜찮은 건가요?"

"제가 제대로 먹고 있는 게 맞나요?"

"피임약 복용 중인데 피임 효과 정말 확실해요?"

"부작용인 것 같은데 약을 바꿔야 하나요?"

"이럴 땐 어떻게 복용해야 하죠?"

약사가 되고 난 후 피임약에 대한 질문을 이렇게 많이 받아보기는 처음이었어요. 올바른 피임약 복약 정보를 알리고자 〈약먹을시간〉 유튜브 채널에서 피임약 콘텐츠를 연속해서 발행했는데, 정말 많은 댓글이 달렸거든요. 시간이 꽤 지난 지금도 꾸준히 질문이 달리고 있어요. 댓글을 보면 질문하시는 분들이 자신의 상황을 굉장히 구체적으로 이야기하며 물어보세요. 그런데 약국에서는 피임약에 대해 이렇게나 적극적으로 질문하는 분이 거의 없거든요. 약사로서 참 아이러니한 상황이죠.

실제로 약국에 피임약을 사러 오신 분들은 거의 "○○○ 주세요"라고 제품명만 이야기해요. 약을 드리면서 혹시라도 잘못 알고 있는 부분이 있지 않을까 싶어 세세하게 질문하면 "왜요?"라고 반문하고, 오히려 이상하게 쳐다보는 분들도 있어요. 그럴 때면 '나 이상한 사람 아닌데… 약사라서 물어보는 건데…'하는 생각에 다소 억울할 때도 있어요.

사람들이 대면으로 피임약 상담을 하는 것에는 다소 거부감이 있는 것 같아요. 반면 저희 영상에 남긴 댓글을 보면 이런 상담 창구를 정말 필요로 하는 것 같고요. 당장 약국으로 가서 약사에게 물어보기에는 영 마음이 내키질 않고, 여기저기 검색해보면 얘기가 다 달라서 어떤 정보를 믿어야 할지 헷갈리죠. 피임약을 사서 설명서를 펼쳐 보아도 외계어 신문을 보는 것 같고요. 분명 한글이 맞지만 몇 번을 읽어봐도 여전히 어렵죠.

그래서 이해하기 쉽고, 믿을 수 있는 정확한 피임약 정보를 찾아 헤매고 있는 분들을 위해 《피임약 처음 먹어요》를 썼어요. 지금까지 유튜브 〈약먹을시간〉 피임약 콘텐츠에 200개가 넘는 댓글이 달렸는데요. 질문에 하나씩 답변해 가면서 사람들이 진짜 궁금해하는 것들을 알게 되었거든요. 또 올바르게 복용하면서도 굉장히 불안해하는 모습을 보며 저희가 어떤 도움을 더 드릴 수 있을지 많이 고민했고요.

약의 전문가인 약사로서 피임약에 대한 오해와 필수 정보, 첫 피임약 선택하는 방법, 목적에 맞는 올바른 복용법, 그리고 〈약먹을시간〉 유튜브 채널에 남겨주신 질문들을 모아서 책 속에 담았어요. 내용이 어려워서 책을 덮어버리는 일은 없을 거예요. 각 파트가 끝날 때마다 '실전편 체크리스트'가 있으니 자신의 상황에 맞게 잘 체크 해보세요.

《피임약 처음 먹어요》가 피임약을 처음 복용하는 분들, 피임약을 복용하고 있지만 불안한 분들에게 드리는 '내 손안의 약국'이 되길 바라요. 그리고 피임약에 관해서는 언제

어디서나 보기만 해도 약이 되는 든든한 책이 되었으면 하고요. 이 책이 많은 분에게 도움이 되면 좋겠어요. 지금부터 약먹을시간과 함께 하시겠어요?

약먹을시간
천제하, 최주애 드림

차례

▶ **피임약은 이렇게 생겼어요!** (제품마다 살짝 차이가 있어요.)

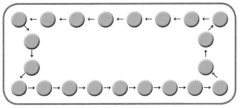

• 21점 피임약

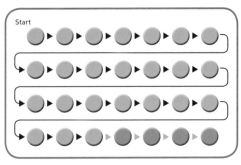

• 28점 피임약

Part

1

피임약, 먹을까 말까?

· · ·

피임약 처음 먹을 때 궁금한 것들

▶ 약먹을시간 영상 보기

 피임약 사러 가기 전에
이 영상부터 보고 약국가세요!(약사가 제대로 알려줌)

경구피임약 먹을까 말까?

'경구피임약' 하면 어떤 것부터 떠오르나요? 과연 먹어도 안전한 약인지 걱정부터 시작해 여러 가지 부작용들, 다른 피임법도 있는데 굳이 약을 먹고 싶지 않은 거부감 등 부정적인 심리를 많이 가지고 있는 것 같아요. 실제로 피임약을 복용하는 여성이 유럽과 미국에서는 15~40퍼센트인 반면 우리나라는 약 2.5퍼센트로 낮거든요. (통계: 대한산부인과학회 참조)

"피임약은 내 몸에 해로울 것 같아요"

오해1? 피임약을 먹으면 정작 임신하고 싶을 때 임신이
안 될 수 있다.

오해2? 피임약을 먹으면 부정출혈, 어지러움 같은 부작
용이 일어난다.

오해3? 피임약을 먹으면 암이 생길 수 있다.

실제로 많은 분들이 위와 같은 이야기를 듣고 피임
약 복용을 꺼리세요. 하지만 피임약이 무조건 해롭
다는 건 오해예요. 사실 복용법에 맞게 잘 복용하
면 피임 효과가 높은 피임법 중 하나죠. 피임약을
올바르게 복용했을 경우 피임 실패율은 0.3퍼센트예
요. (출처: contraceptive technology 21쪽) 임신에 대한 불안
함 때문에 전전긍긍하는 것보다 피임약 복용을 선택
하여 내 몸을 잘 챙기는 것이 더 낫지 않을까요?

02
피임약은 정말 안전할까요?

● **건강을 해치지 않을까?**

피임약이 여성의 건강을 해치지 않아요. 피임약
복용을 주의해야하는 특정 질환이나 상태에 해당되
지 않는 여성이라면 피임약 복용을 걱정할 필요는
없답니다. 피임약 복용을 통해 생리통을 완화하고
생리양을 감소시킬 수 있으며 좀 더 규칙적이고 안
정적인 생리 주기를 가질 수 있다는 장점이 있어요.

● 불임을 유발하는 건 아닐까?

피임약이 불임을 일으키지 않아요. 임신을 계획하게 되었다면 복용 중이던 피임약을 중단하면 돼요. 몸에 피임약 성분이 남아있어 일시적으로 배란이나 생리가 돌아오지 않을 수는 있지만, 최소 생리 2주기 (1주기=28일) 후부터는 정상적인 임신이 가능해져요. 보통 피임약 복용을 중단하면 3개월 이내에 배란이 정상으로 돌아온답니다.

● 기형의 위험이 있는 건 아닐까?

임신 초기인 4~6주 사이 임신 사실을 모르고 피임약을 복용하는 경우가 있어요. 이럴 때 태아의 기형을 발생시키지 않을까 걱정되는데요. 이때는 피임약을 복용하더라도 일반적인 선천성 기형 발생률(2~3퍼센트)과 차이가 없어요. 다만 태아의 성기가 발달하는 시기인 임신 10주경에 경구피임약에 들어있는 에스트로겐과 프로게스틴 성분에 노출되면 1 퍼센트 정도에서 기형을 유발할 수 있어요. (출처: 《모태독성학 제2판》) 즉, 피임약의 노출 시기에 따라 영향이 달라질 수 있습니다.

● **암에 걸릴 확률이 높아질까?**

피임약과 암과의 연관성을 살펴보면 득과 실이 모두 존재해요. 5년 이상 피임약을 복용한 경우에 자궁경부암과 유방암의 위험성은 높아지고, 자궁내막암과 난소암의 위험성은 낮아지는 것으로 보고되고 있어요. 하지만 요즘 출시되는 피임약들은 에스트로겐이 저함량으로 들어있어 암 발생 위험률이 현저히 낮아졌습니다. 암 발생에 대한 걱정으로 피임약 복용을 꺼리실 필요는 없어요.

● 피임약은 부작용이 많은 약이다?

피임약을 복용하면 약간의 부정출혈이나 메스꺼움, 위장장애, 어지러움, 두통, 몸이 붓거나 유방압통 등의 부작용이 나타날 수 있어요. 피임약 복용 초기에 호르몬이 몸에 적응하면서 발생하는 부작용들이기에 복용을 중단할 필요가 없어요. 매일 정해진 시간에 계속 복용하고, 피임약 2~3포장을 꾸준히 복용하면 증상이 사라진답니다.

가장 위험할 수 있는 혈전 관련 부작용은 매우 드물지만 치명적인 결과를 가져올 수 있어요. 혈전 부작용 위험이 높아지는 질환, 흡연, 출산 등의 요인을 고려해서 피임약을 복용해야 해요.

여드름, 다모증, 부기, 체중증가 등 몇 가지 우려되는 부작용들은 적절한 피임약을 선택하여 복용하면 피할 수 있어요. 나에게 맞는 피임약 고르는 방법은 41~42쪽에서 알려드릴게요.

피임약 복용을
주의해야 하는 경우가 있나요?

다음과 같은 질환이 있는 분들은 피임약 복용을 주의해야 합니다.

> 혈전색전증, 정맥혈전증, 관상동맥질환, 뇌혈관질환, 중증 고혈압, 중증 고지혈증, 당뇨, 간염, 유방암, 자궁암, 자궁내막증, 편두통, 비만(체질량 지수 30kg/m² 이상)

● 흡연: 나이와 흡연량(1일 15개비 이상)에 따라 혈전 위험성이 증가 되고, 특히 35세 이상의 여성에게 현저하게 나타납니다. 따라서 35세 이상 흡연 여성은 피임약

을 복용하면 안 됩니다.

● 출산(모유 수유를 하지 않는 경우): 피임약 복용으로 인한 혈전 위험도는 출산 후 첫 일주일이 가장 높고, 42일이 지나야 안전해집니다. 하지만 출산 후 21일 이후부터 임신할 확률이 계속 증가하기 때문에 이 기간에는 콘돔과 같은 비호르몬성 방법으로 피임을 고려해야 합니다.

● 수유: 출산 6개월 이후에는 피임약 복용이 가능하지만, 모유 수유 중에는 피임약 복용을 권장하지 않아요. 모유 수유를 지속할 경우 피임약이 모유량에 미치는 영향과 모유를 통해 아기에게 전달되는 영향에 관하여 아직 명확한 결과가 나오지 않았습니다.

● 피임약과 함께 먹으면 안 되는 약도 있어요. 특정 성분의 결핵약이나 간질약을 복용 중이거나 감기나 기타 염증으로 항생제를 복용 중이라면 피임약 농도가 떨어지기 때문에 피임 성공률이 낮아질 수 있습니다.

피임약을 먹기로 했어요.
어떻게 구매할까요?

피임약에는 처방 없이 약국에서 구매가 가능한 일반 의약품과 산부인과에서 처방을 받아 구매가 가능한 전문의약품이 있어요. 약국에서 약사님과 상담하여 적절한 피임약을 선택하세요.

생리불순, 월경과다 등 부인과 질환이나 불편한 증상이 있는 경우에는 산부인과에 먼저 방문하여 원인을 파악하고 진료를 받은 후에 피임약 복용을 하는 것이 좋아요.

피임약 종류는 몇 가지인가요?

피임약 성분을 보면 합성 에스트로겐인 '에티닐에스트라디올'과 프로게스틴(=황체호르몬) 성분이 함께 들어가 있는데요. 부작용을 개선하기 위해 다양한 황체호르몬을 개발하면서 그 순서에 따라 2세대, 3세대, 4세대 피임약으로 나누고 있어요. 그렇다고 2세대에서 3세대, 4세대로 갈수록 더 좋은 피임약이란 말은 아니에요. 2, 3세대 피임약은 처방없이 약국에서 구매가 가능한 일반의약품이고, 4세대 피임약은 산부인과 처방이 필요한 전문의약품이에요.

세대마다 포함된 호르몬 성분이 다르고, 부작용도 다르게 나타나요.

나에게 잘 맞는 피임약은 우려되는 부작용을 최소화하는 방향으로 선택하는 것이 좋습니다.

분류		해당제품 (*저함량 에스트로겐)	성분명 (프로게스틴)
일반 의약품	2세대	라니아정*, 미니보라30, 애니브정, 에이리스정*	레보노르게스트렐 (Levonorgestrel)
	3세대	머시론정*, 보니타정*, 센스데이정*	데소게스트렐 (Desogestrel)
		디어미정*, 마이보라정, 멜리안정*, 미뉴렛정, 센스리베정*	게스토덴 (Gestodene)
전문 의약품 (처방전필요)	4세대	야스민정, 야즈정*	드로스피레논 (Drospirenone)
		클래라정	디에노게스트 (Dienogest)

에스트로겐 성분: Ethinyl estradiol, 클래라정만 Estradiol valerate
(2019년 7월 제품유통 현황 기준)

06

나에게 잘 맞는
피임약을 어떻게 고를까요?

자신에게 잘 맞는 피임약을 고르려면 약국에서 3가지를 이야기하세요.

하나, 여드름 같은 피부 트러블이 있거나 잘 붓고 살이 찌는 등의 체질 상태.

둘, 유방암이나 심혈관질환과 같은 본인이 갖고 있는 질병.

셋, 현재 복용하고 있는 약.

07

복용을 중단해야 하는 심각한 부작용은 무엇이 있나요?

심각한 부작용을 겪는 사람은 흔하지 않아요. 하지만 주의해야 할 가장 위험한 부작용으로 '정맥혈전색전증'이 있어요. 혈전이 생성되어 혈관을 막는 심각한 부작용이죠. 따라서 다리 통증, 매우 심한 저림, 갑작스럽고 심한 흉통, 갑작스러운 호흡 곤란, 시야 흐림과 시각 이상 등의 증상이 보이면 당장 복용을 중단하고 병원에 가야 해요. 그 외 심한 복통, 심한 편두통, 높은 혈압 상승, 피부가 노래지는 황달 등이 나타나도 복용을 중단하고 전문가와 상담하세요.

Q & A

처음
먹을 때 궁금해요!

Q. 피임약을 먹으면 살이 찌나요? 친구가 피임 목적으로 피임약을 먹었는데 복용 후 체중이 2킬로그램이나 늘었대요. 음식도 평소 먹는 양 그대로 먹었는데 말이죠.

A. 피임약을 복용하고 수분저류나 부기 등이 생길 수 있어요. 그런 경우에는 2, 3세대 피임약 대신 4세대 피임약(24쪽 참고)을 복용해볼 수 있습니다. 피임약 자체로 체지방이 증가하여 체중이 증가하는 경우는 관련이 없다고 알려져 있습니다.

Q 피임약을 처음 먹어보려 합니다. 처음 먹을 때는 의사와 상담하라는데 병원 가기가 어려워서요. 초보자에게 괜찮다고 알려진 피임약으로 사려고 하는데 괜찮을까요?

A 약사님께 이것저것 편하게 말씀드리고 문의해 보세요. 처음 복용하는 것이라도 약국에서 약사님과 상담하여 적절한 제품을 구매할 수 있어요. 상담 후 여러 부작용을 고려해서 2, 3, 4세대 제품 중에서 선택하면 된답니다.

피임약뿐만 아니라 어떤 약이든 복용할 때는 약사님께 최대한 많은 정보를 알려드리면 좋아요. 그래야 부작용을 최소화할 수 있겠죠. 같이 복용해서는 안 되는 약들을 복용해서 위험에 노출되는 상황을 미연에 방지할 수도 있고요. 제일 좋은 방법은 본인만의 단골 약국을 만드는 거예요. 약력 관리가 더 편해진답니다.

Q 임신인 줄 모르고 피임약을 먹었으면 어떡하죠?

A 임신을 알지 못하고 경구피임약을 복용하는 경우는 임신 5주경 전후에 많이 일어나요. 그러나 이 시기에는 피임약이 태아에 기형을 유발할 가능성이 매우 희박하죠. 다만 태아의 생식기가 형성되는 9~12주에 태아가 피임약 성분에 노출되면 성기 기형이 발생할 수 있어요. 이렇게 임신 기간 중 피임약을 언제 복용했느냐에 따라 영향이 달라집니다. 임신 4~6주 사이에 임신 사실을 모르고 복용했다면 기형 발생 영향은 아주 낮으니 걱정하지 않아도 됩니다.

Q 피임약을 복용하면 부족해지기 쉬운 영양소가 있다던데요?

A 맞아요. 그래서 피임약을 드럭머거(drug mugger)라고도 하는데요. 드럭머거란 '체내 영양소를 빼앗아가는 약물'을 말하죠. 피임약을 장기간 복용하면 부족해지기 쉬운 영양소로는 비타민B군, 마그네슘, 셀레늄, 아연이 있어요. 피임약을 복용 중이라면 이 성분들이 들어간 영양제를 챙겨 드세요.

비타민B군, 마그네슘, 셀레늄, 아연이 부족해지면 우리 몸이 피로를 느끼거나 신진대사 및 면역력이 저하되고 신경쇠약, 나른함, 과민함 등이 나타날 수 있습니다.

◘ 피임약 부작용 중에 불면증이 있나요?

◘ 불면증이 피임약으로 인한 부작용이라고 확신할 수는 없어요. 피임약의 흔한 부작용은 아니거든요. 하지만 피임약이 우리 몸의 비타민B군을 고갈시켜 영양소 불균형으로 인한 불면증일 수도 있어요. 그래서 피임약을 드시는 분들께 비타민B군 영양제를 꼭 챙겨 드시라고 말씀드리기도 합니다. 또한 수면 장애는 수면 환경이나 현재 피로도에 따라서도 많이 좌지우지되는 부분이라 다른 이유로 인해 불면증이 생긴 건 아닌가 한 번 스스로 생각해보는 것도 도움 될 것 같아요.

Q 피임약을 비타민C(1,000mg 이상)와 함께 복용하면 피임 효과가 떨어진다고 들었는데, 사실인가요?

A 피임 효과를 떨어뜨리는 것은 아니고요. 비타민 C 고함량과 피임약을 복용하면 에스트로겐의 대사를 감소시켜 에스트로겐 부작용(유방압통, 부종, 체중 증가, 편두통 등)이 더 나타날 수 있어요. 피임약 부작용이 있을 때 비타민C 고함량을 함께 복용 중인지 확인해볼 필요가 있겠죠.

생리통이 심해지는 건 아닐까요?

아니에요. 오히려 피임약을 복용하면 심한 생리통이 완화되는 이점이 있어요. 피임약 성분인 에스트로겐과 프로게스틴이 생리할 때 통증을 유발하는 자궁 수축의 강도를 낮출 수 있거든요. 물론 호르몬이 조절되도록 꾸준히 복용해야 생리통 완화 효과가 있어요. 생리통이 있다고 피임약을 단기간만 복용하는 것은 의미가 없어요.

Q 병원에서 처방받는 피임약은 어떤 약인가요?

A 산부인과에서 처방받는 피임약은 '드로스피레논'이라는 프로게스틴이 들어간 4세대 피임약이 있어요. 그리고 가장 최근에 개발된 '디에노게스트'라는 프로게스틴이 들어간 피임약이 있어요.

처방받는 피임약은 수분이 정체되어 붓는 현상과 여드름, 다모증을 유발하는 안드로겐 부작용이 낮다는 특징이 있어요. 그래서 피임 효과 외에도 월경 전 불쾌 장애, 여드름 개선을 위해 사용해 볼 수 있는 피임약이에요. 하지만 혈전 생성의 위험이 있고, 의사와 상담 후 처방받아야 해요.

Q 산부인과에 가서 피임약 처방받을 땐 뭐라고 하면 될까요?

A 약국에 가서 말씀하셔야 하는 것과 똑같아요. 본인의 체질 상태, 질병이 있는지, 복용 중인 약이 있다면 꼭 말씀해 주세요.

Q 생리 불순으로 경구피임약 먹는 것은 의사 선생님과 상담해야 하나요? 아니면 약사 선생님과 상담 후에 복용 가능한가요?

A 우선 생리 불순이 어떤 이유로 생긴 것인지 진료를 받는 게 좋아요. 병원에 내원해서 진료를 보고 추가 검사가 필요하다면 검사도 받고요. 원인에 따라 처방되는 호르몬제제가 달라질 수 있거든요. 약국에서 약사님과 상담 후 피임약을 복용할 수도 있지만, 원인을 정확하게 확인하는 게 우선입니다. 먼저 병원에 가서 의사 선생님과 상담을 해보세요.

Q 생리 불순이 고민이어서 산부인과를 방문했는데, 호르몬 수치만 높고 몸엔 이상 없다고 하더라고요. 아직 생리 주기가 일정해지지는 않았는데요. 병원에선 몸에 이상 없다 하니 다시 방문하기도 불편하더라고요. 그냥 광고에 나오는 피임약을 먹어볼까 생각하는데 괜찮을까요?

A 임의로 피임약을 복용하는 것은 추천하지 않습니다. 내분비계 이상으로 생리 불순이 올 수도 있으니 내분비내과 진료를 한번 받아보시길 바라요. 내분비계도 아무 이상이 없다면 생활 습관을 바꿔보시면 도움 되실 수 있어요.

- 스트레스, 고강도의 과한 운동 피하기
- 수면시간 충분히 하기
- 하루 세끼 잘 챙겨 먹기
- 적정 체중 유지하기(갑작스러운 체중증가 · 감소가 생리 주기를 변화시킬 수도 있음)

Q. 피임약을 1년 먹으면 한 달 쉬어야 한다는데 맞나요? 장기복용을 해도 괜찮은지 궁금합니다.

A. 피임약을 1년 먹고 한 달 동안 쉬어야 할 필요는 없어요. 피임약을 장기간 복용한 경우에 자궁경부암, 유방암 위험은 높아진다는 보고가 있지만, 최근 출시되는 피임약들은 에스트로겐이 저함량으로 들어있어 암 발생 위험률이 현저히 낮아졌습니다. 그리고 임신 계획이 생겨 피임약 복용을 중단하면 3개월 이내에 정상적으로 배란이 돌아옵니다. 장기간 피임약 복용을 하셔도 괜찮아요.

Q. 저는 열두 살인데, 피임약을 먹어도 되나요? 청소년은 피임약 사기가 불편한데 어떻게 해야 할까요?

A. 피임약은 피임뿐만 아니라 생리를 미루거나 월경 관련 질환을 치료하는 목적으로도 복용해요. 그래서 약국에서는 피임약을 구매하는 10대 손님을 어렵지 않게 볼 수 있어요. 피임약이 필요한 이유를 말하면 약사님이 그에 맞게 설명해 주실테니 불편하게 생각하지 말고 이야기해보세요. 열두 살이어도 초경이 시작되어 생리 중이라면 피임약 복용이 가능해요. 하지만 복용 전에 약사나 의사 선생님과 충분히 상담한 다음에 복용하길 권합니다.

Self
Check
List

피임약 구매하기 실전편

1. 나는 피임약을 먹어도 될까?

피임약을 먹기로 했어요. 그 전에 먼저 내가 피임약을 먹어도
괜찮을지 알아볼까요?

다음 중 해당되는 사항이 있는지 체크 해보세요!

□ 만 35세 이상 흡연자다.

□ 혈관, 심장, 뇌졸중 관련 질환이 있거나 가족력이 있다.

□ 지금 유방암이 있거나 5년 이내에 있었다.

□ 고혈압이나 당뇨가 있다.

□ 간 관련 질환이 있다.

□ 편두통이 있다.

□ 임신 가능성이 있다.

□ 최근 출산을 했다.

□ 모유 수유 중이다.

□ 일주일 이상 움직일 수 없는 수술이 예정되어 있다.

□ 다음 약물 중 한 가지 이상 복용 중이다.

　　간질약□, 결핵약□, 항생제□

한 가지라도 체크가 되었다면 피임약 복용이 위험할 수 있어요. 반드시 약사나 의사와 상담 후 피임약 복용을 결정하세요.	해당 사항이 없다면 피임약을 복용해도 됩니다. 단골약국에서 상담하여 나에게 맞는 피임약을 구매해 보세요.

2. 나는 어떤 피임약을 먹으면 될까?

피임약에서 예상되는 부작용을 피해 선택하는 것이 좋아요.

여드름이나 다모증이 있다면?

2세대보다 3세대, 4세대 피임약이 좋아요. 단, 2세대 에이리스
정과 라니아정은 예외입니다.

> 추천 피임약: 디어미정, 라니아정, 마이보라정, 머시론정, 멜리안정,
> 미뉴렛정, 보니타정, 센스데이정, 센스리베정, 야스민정, 야즈정, 에
> 이리스정

잘 붓고 살이 찐다면?

2, 3세대보다 4세대 피임약을 추천해요.

> 추천 피임약: 야스민정, 야즈정

메스꺼움, 유방압통, 두통 등이 있다면?

피임약 세대 구별 없이 고함량(0.03mg)보다 저함량(0.02mg) 에스
트로겐이 함량된 피임약을 추천합니다.

> 추천 피임약: 디어미정, 라니아정, 머시론정, 멜리안정, 보니타정, 센
> 스데이정, 센스리베정, 야즈정, 에이리스정

Part

2

생리를 미루려면
어떻게 먹지?

• • •

생리를 미루기 위한 피임약 먹는 법

▶ 약먹을시간 영상 보기

 생리를 미루기 위한
피임약 복용법은?!

피임약을 먹으면
정말 생리가 미뤄져요?

생리 주기에 따라 배란이 이뤄지고 착상이 되지 않
으면 자궁내막이 탈락하여 생리가 나오게 되죠. 그
런데 에스트로겐과 프로게스틴(=황체호르몬)이 포함
된 피임약을 복용하게 되면 자궁내막을 계속 유지시
켜 생리가 미뤄져요. 휴가, 여행 또는 중요한 시험이
생리 기간과 겹치면 너무 힘드니까 피임약을 복용해
서 생리를 늦출 수 있어요.

생리를 미루기 위해서는
어떻게 먹어야 하나요?

실제로 피임 목적이 아니라 생리를 미루고자 피임약을 찾는 경우가 많아요.

이때는 생리 예정일 7일 전부터 복용을 시작하세요. 식사와 관계없이 매일 일정한 시간에 1알씩 복용하면 된답니다. 미루고 싶은 날짜까지 쭉 이어서 복용하고, 피임약 복용을 중단하면 생리는 2~3일 이내로 나오게 됩니다. 예정된 일정을 미리 체크하고 피임약을 늦지 않게 준비해야겠죠?

생리 주기가 규칙적이지 않다면 어떻게 해야 하나요?

생리를 미루기 위해서는 생리 예정일 일주일 전부터 피임약을 복용합니다. 하지만 생리 주기가 규칙적이지 않은 분들은 일주일 전부터 복용하더라도 생리를 할 가능성이 있어요. 그래서 생리 예정일 10~14일 전부터 복용을 일찍 시작하는 것이 좋아요. 만일 생리 예정일이 언제인지 정확하게 파악하기가 어렵다면, 생리를 미뤄야 하는 중요한 일정의 첫날로부터 14일 전에 복용을 시작할 수 있어요. 그러면 중요한 일정 동안 생리를 피할 수 있답니다.

생리 예정일이 2~3일밖에
안 남았을 땐 어떻게 해야 하나요?

생리를 미루기 위해서는 적어도 일주일 전부터 피임약을 먹어야 해요. 2~3일밖에 남지 않았다면 피임약을 복용하더라도 생리를 미루기가 어려워요. 곧 다가오는 생리를 미루는 방법은 없답니다. 휴가, 여행, 시험과 같은 일정이 예정되어 있다면 꼭 미리체크해서 피임약을 일찍 준비해두세요.

생리 미루려고
먹을 때 궁금해요!

Q 생리를 미루기 위해 매일 같은 시간에 약을 먹었는데요. 오늘은 원래 약을 먹던 시간보다 30분 늦게 먹었어요. 괜찮을까요? 빈속에 먹었는데 괜찮을지, 그리고 생리 예정일 일주일 전보다 훨씬 먼저 먹기 시작해도 상관없나요?

A 피임약 복용 시간 앞뒤로 1시간 정도의 차이는 크게 걱정하지 않으셔도 됩니다. 그래도 꾸준히 같은 시간에 복용하도록 노력해주세요.

속 쓰림이나 울렁거림 등 위장 장애 부작용이 없다면 빈속에 드셔도 상관없어요. 그리고 생리를 미루기 위한 목적이라면 늦어도 생리 시작 일주일 전부터 먹어야 합니다. 더 일찍 시작하는 것은 괜찮아요.

Q 시험을 앞두고 생리를 미루려고 해요. 생리 주기가 불규칙해서 약을 어떻게 먹어야 할지 모르겠어요. 시험 일주일 전부터 시험 당일까지 복용하면 되나요?

A 생리가 불규칙하다면 어려움이 있겠네요. 생리 예정일 일주일 전부터 피임약 복용이 원칙이지만, 불규칙한 경우라면 예정일이 언제인지 정확한 파악이 어렵죠. 때문에 되도록 일찍 복용을 시작해서 주기를 맞춰보는 것도 한 가지 방법이 될 수 있어요. 시험이 10일 이상 남았다면 당장 복용을 시작해서 쭉 드세요.

Q 생리를 미루고 싶은 날짜까지 약을 먹어야 한다면, 휴가 가서도 약을 먹어야 한다는 의미인가요?

A 네, 맞아요. 피임약 복용을 중단하면 1~2일 뒤 생리를 하게 되므로 휴가를 갔을 때도 복용을 해야 해요. 휴가 중에도 잊지 말고 일정한 시간에 매일 1정씩 챙겨 드시길 바랍니다.

Q. 이미 생리는 시작했고, 내일모레 파자마 파티에 가는데 다른 방법은 없나요?

A. 이미 시작된 생리를 멈추게 하는 방법은 안타깝게도 없어요. 중요한 일정이 있다면 꼭 미리 체크해서 피임약을 준비해야 한답니다.

Q 피임약을 먹고 있는데, 휴약 기간이 여행 기간이랑 겹쳐서 생리를 더 미루고 싶습니다. 21알을 다 먹은 후 휴약기를 가지지 않고 바로 다음 팩을 먹으면 된다고 알고 있어요. 그럼 두 번째 팩을 먹다가 제가 원할 때 휴약기를 7일간 가지고 나서 두 번째 팩의 남아있는 약을 마저 먹고 휴약기를 가지나요? 아니면 새로운 팩을 뜯어서 다시 21알을 처음부터 시작하고 휴약기를 가져야 할까요?

A 주기 변경을 위해 두 번째 팩을 이어서 복용하고 난 다음, 원할 때 휴약기를 7일간 가지세요. 7일의 휴약기 뒤에는 새로운 팩을 뜯어서 다시 21알을 처음부터 시작하는 겁니다. 동일한 제품의 피임약을 계속 복용하는 경우라면 두 번째 팩의 남아있는 약과 새로운 포장의 세 번째 팩의 약을 이어서 총 21일 동안 복용하셔도 되는데, 먹는 날짜를 정확하게 카운트해야겠죠?

Q 여행과 생리 기간이 겹쳐서 피임약을 먹기로 했어요. 그런데 여행지에서 술을 마셔야 할 것 같아요. 피임약을 복용하면서 술을 마셔도 되나요?

A 술을 마신다고 피임 효과가 떨어지는 것은 아닙니다. 하지만 과음을 하는 바람에 피임약을 복용 한 지 3~4시간 내 구토를 하게 되면 추가로 1알을 복용해야 합니다. 피임약 성분은 간에서 대사되기 때문에 과도한 음주로 간에 부담을 주는 일은 피하세요.

Q 초등학교 6학년 여학생입니다. 수련회랑 겹쳐서 피임약을 먹으려 해요. 생리 시작한 지 1년 정도 돼서 아직 주기가 잡히지는 않았거든요. 저처럼 어린 나이에 피임약을 먹어도 효과가 있을까요?

A 성인이 아니라도 생리를 시작했다면 피임약 복용이 가능해요. 첫 복용이라면 몸이 적응하느라고 중간에 생리 기간이 아닌데 피가 나올 수도 있어요. 그래도 신경 쓰지 말고 계속 복용하세요. 생리를 미뤄야 하는 날까지 먹으면 됩니다. 생리를 미루는 목적으로는 생리 예정일 일주일 전부터 같은 시간에 복용하면 되지만, 주기가 규칙적이지 않다면 생리 예정일 10~14일 전으로 계산해서 좀 더 일찍 복용을 시작할 것을 추천해요.

피임약으로 생리 미루기 실전편

1. 예시로 계산해보기

예시 1

A양의 생리 예정일은 7월 19일. 생리 주기는 규칙적인 편입니다. 그런데 7월 18일부터 21일까지 동해로 놀러 가기로 했어요. 물놀이도 해야 하니 생리를 미루기 위해 피임약을 복용하기로 했습니다.

언제부터 피임약을 복용해야 할까?
평소 생리 주기가 규칙적인 편이라 생리 예정일의 일주일 전인 7월 12일부터 복용을 시작합니다.

언제까지 복용해야 할까?
휴가 기간이 끝나는 7월 21일까지 매일 1알씩 일정한 시간에 복용해야 합니다. (복용 중단 2~3일 이내로 생리 시작)

Sunday	Monday	Tuesday	Wednesday	Thursday	Friday	Saturday
	1	2	3	4	5	6
7	8	9	10	11	12 ★ 생리 예정일 일주일 전, 피임약 ①, 시작	13 피임약 ②
14 피임약 ③	15 피임약 ④	16 피임약 ⑤	17 피임약 ⑥	18 피임약 ⑦ 동해여행 출발	19 ◌ 피임약 ⑧ 생리 예정일	20 피임약 ⑨
21 ★ 여행 마지막 날 피임약 ⑩, 끝 집으로 출발	22 ◖ 	23 ◖ 복용 중단 후 2~3일 이내 생리 시작됨	24 ◖	25	26	27
28	29	30	31			

예시 2

A양과 같이 동해에 놀러 가는 B양도 생리 예정일이 휴가 기간
과 겹치네요. 생리 예정일은 7월 20일. 그런데 B양은 생리 주
기가 불규칙한 편입니다.

언제부터 피임약을 복용해야 할까?

생리 예정일 14일 전인 7월 6일부터 복용을 시작해서 휴가 마지막 날까지 복용합니다.

언제까지 복용해야 할까?

휴가 기간이 끝나는 7월 21일까지 매일 1알씩 일정한 시간에 복용해야 합니다. (복용 중단 2~3일 이내로 생리 시작)

MONTH | **7 July**

Sunday	Monday	Tuesday	Wednesday	Thursday	Friday	Saturday
	1	2	3	4	5	6 ★ 생리 예정일 14일 전, 피임약 ①, 시작
7 피임약 ②	8 피임약 ③	9 피임약 ④	10 피임약 ⑤	11 피임약 ⑥	12 피임약 ⑦	13 피임약 ⑧
14 피임약 ⑨	15 피임약 ⑩	16 피임약 ⑪	17 피임약 ⑫	18 피임약 ⑬ 동해여행 출발	19 피임약 ⑭	20 ○ 피임약 ⑮ 생리 예정일
21 ★ 여행 마지막 날 피임약 ⑯, 끝 집으로 출발	22 ● 복용 중단 후 2~3일 이내 생리 시작됨	23 ● 	24 ● 	25	26	27
28	29	30	31			

2. 생리를 미루기 위한 날짜 직접 계산해보기

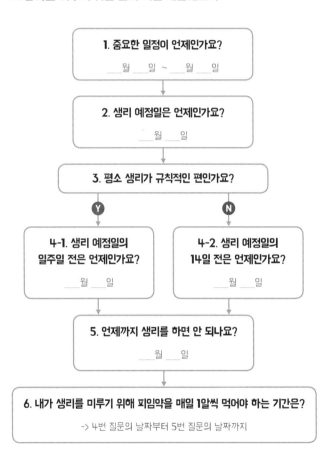

1. 중요한 일정이 언제인가요?

___월 ___일 ~ ___월 ___일

2. 생리 예정일은 언제인가요?

___월 ___일

3. 평소 생리가 규칙적인 편인가요?

Y

4-1. 생리 예정일의 일주일 전은 언제인가요?

___월 ___일

N

4-2. 생리 예정일의 14일 전은 언제인가요?

___월 ___일

5. 언제까지 생리를 하면 안 되나요?

___월 ___일

6. 내가 생리를 미루기 위해 피임약을 매일 1알씩 먹어야 하는 기간은?

-> 4번 질문의 날짜부터 5번 질문의 날짜까지

남자들에게 알려줘야 할
피임 이야기 1

"질외사정법은 안전한 피임법이 아니야!"

보건복지부에서 실시한 설문조사(2017년)를 보면 피임법 선호도에서 1위가 콘돔(86.5퍼센트), 2위가 질외사정법(29.1퍼센트), 3위가 경구피임약(25.1퍼센트)이었어요. 그런데 질외사정법은 남성이 사정을 조절하기가 어렵고 사정하기 전 정자가 질내로 유입될 가능성이 있어서 절대 안전한 피임법이 아니에요.

그리고 가임기를 피해 성관계를 하는 자연주기법 역시 월경이 불규칙한 여성의 경우 임신 가능성이 높아 안전한 피임법이 아닙니다. 주기가 규칙적인 여성도 심리적인 요인으로 배란 주기가 변동될 수 있어요.

피임을 위해선
어떻게 먹지?

· · ·

피임을 위한 피임약 먹는 법

▶ 약먹을시간 영상 보기

 피임을 위한
피임약 복용법(약국약 vs. 처방약)

 피임약 먹으면
언제부터 피임이 되는걸까

01

피임 목적으로 먹을 때는
어떻게 먹어야 할까요?

피임을 목적으로 한다면 복용 시점이 정말 중요해요. 복용 시점에 따라 피임 효과가 크게 달라질 수 있거든요.

생리를 시작한 첫날, 피임약 복용을 시작합니다. 콘돔과 같은 다른 피임법을 병행하지 않아도 괜찮아요. 생리 시작 첫날을 놓쳐 2~5일째부터 복용하게 된다면 일주일이 지난 다음부터 피임 효과를 기대할 수 있어요. 그래서 이때는 7일간 콘돔과 같은 비호르몬성 피임법을 병행해야 합니다.

생리 시작 6일째 이후부터는 안전한 피임 효과를 기대하기 어려우니 다음 생리 시작일부터 약을 복용하세요.

피임약은 식사와 관계없이 매일 일정한 시간에 1알씩 복용하면 됩니다. 계속 피임을 하고 싶다고요? 21정짜리 약의 경우, 21일 동안 복용을 한 후 7일간의 휴약 기간을 갖고 8일째부터 새로운 약을 복용하면 됩니다. 28정짜리 약은 휴약기 없이 계속 이어서 약을 먹으면 돼요. 99.7퍼센트에 이르는 피임 효과를 유지하려면 기본적인 복용법을 꼭 지켜야 해요! (출처:《약물치료학 Part 3》) 지키지 않는다면 도로 아미타불이 됩니다.

02

언제부터
피임 효과가 생기나요?

피임약을 먹으면 먹는 즉시 피임 효과가 생긴다고 볼 수 있어요. 단, 복용법을 제대로 지켰을 때! 생리 첫날부터 복용하면 피임약 안에 들어있는 에스트로겐과 프로게스틴에 의해 호르몬이 조절되어 배란이 억제되고 수정과 착상이 잘 되지 않는 환경을 만들게 돼요. 그래서 피임 효과가 생기게 되죠. 피임약을 처음 복용하면 효과가 바로 없고, 1~2주 뒤부터 효과가 있는 게 아니냐고 많이들 알고 계세요. 여성의 호르몬 주기를 한번 생각해봅시다. 생리를 시작하고 보통 2주 뒤가 배란일이기 때문에, 생리 시작일부터 피임약을 복용한다면 복용 1일 차부터 2주 차 사이에 정자와 난자가 만날 수 없어요. 즉, 피임약을 복용하지 않아도 배란기(임신 가능한 시기) 전에는 임신이 되지 않는 기간이죠. 하지만 여러 원인으로 배란기가 정확하지 않은 경우가 많기 때문에 피임약을 복용하는 거예요. 그러므로 피임약을 생리 첫날부터, 매일 같은 시간에 제대로 복용한다면 피임 효과는 피임약을 복용하는 시점부터 바로 생긴다고 할 수 있어요.

03

휴약기 동안에도 피임이 될까요?

7일간의 휴약기 동안에도 피임 효과는 유지됩니다. 21정짜리 피임약을 먹으면 21정 복용이 끝나고 7일 간 휴약을 해야 하죠. 이 휴약 기간 동안 소퇴성 출혈*이 일어나게 되고요. 휴약한지 8일 째부터 새로운 포장의 피임약을 복용하게 되죠. 피임약 장기 복용 시 21정 복용, 7일 휴약을 계속 반복하게 됩니다. 이때 7일간의 휴약 기간 동안에도 피임 효과는 유지된답니다.

★ 휴약기에 나오는 출혈을 흔히 '생리'라고 말하지만 정확한 표현은 '소퇴성 출혈'이 에요. 소퇴성 출혈은 생리와는 다르게 배란 없이 나오는 출혈이며, 호르몬 수치가 낮아지면서 자궁 내막이 떨어져 나오는 과정이에요.

Q&A

피임 목적으로
먹을 때 궁금해요!

Q 생리가 아침에 터지든 밤에 터지든 그날의 아무 시간
이나 매일 복용하기 편한 시간으로 골라서 피임약을 먹기 시
작하면 되나요?

A 네. '몸속에서 일정한 호르몬 농도를 유지하는
것'이 포인트라서 매일 같은 시간에 먹는 것이 제일
중요해요. 복용 시간은 복용하기 편한 시간으로 골
라서 먹으면 됩니다.

Q 생리 시작하자마자 1알을 먹기 시작해서 21정을 다 먹고 2일 후에 생리가 시작하면 피임약을 바로 먹어야 하나요? 아니면 21정을 먹고 생리 기간 5~6일이 다 끝난 후 그 첫날에 1알을 먹어서 28일을 맞추는 건지 궁금합니다.

A 피임약을 쭉 복용할 계획이라면 처음에만 생리 시작일에 맞춰 복용하고 그다음부터는 〈21일 복용 → 7일 휴약 → 21일 복용 → 7일 휴약〉을 반복하는 겁니다. 휴약 기간 동안의 생리 기간과는 상관없이 〈21일 복용 → 7일 휴약〉을 지켜야 피임 효과가 계속 유지되는 것이죠.

Q. 깜빡하고 휴약기를 8일 갖고 9일째부터 복용을 시작했습니다. 피임에 문제가 없을까요?

A. 새 피임약을 하루 늦게 복용하게 되었다면 하루 1알을 매일 같은 시간에 일정하게 복용하되 7일간 콘돔 등 다른 피임법을 병행하세요. 이틀 넘게 복용을 하지 않았다면 다음 생리 시작일부터 복용을 다시 시작합니다.

Q 피임약을 계속해서 복용하려고 합니다. 생리가 7일간의 휴약기를 지나서도 계속 나온다거나, 반대로 생리를 안 하다가 휴약기 이후에 하게 된다면 약을 어떻게 먹어야 하나요?

A 보통 휴약기에 생리를 하는 것이 일반적이지만 그렇지 않다 하더라도 생리 여부와 상관없이 〈21일 복용 → 7일 휴약 → 21일 복용〉을 반드시 지키도록 합니다. 그래야 피임 효과가 계속 유지됩니다.

Q. **피임약 복용 방법 및 시간을 정확히 지켜 먹는데 임신할 수도 있을까요?**

A. 피임약은 정확히 복용하는 것과 아닌 것에서 피임 실패율 차이가 많이 난답니다. 정확히 복용했을 때는 피임 실패율이 0.3퍼센트인 반면, 그렇지 않을 때는 7퍼센트로 높아지죠. 정확한 복용 방법과 시간을 숙지하여 피임약을 복용했을 때에는 임신이 될 확률은 매우 낮습니다.

Q 경구피임약 복용은 처음입니다. 오늘(7월 3일)이 생리 첫날인데 오늘부터 수능날까지 피임약을 꾸준히 복용하면 수능날인 11월 15일에 생리를 하지 않는 것이 맞나요? 피임도 겸하고 싶어서 이번 달부터 먹고 싶은데 언제 먹어야 수능이랑 생리 주기랑 안 겹칠까요?

A 피임도 겸하면서 생리를 미루고 싶다면 다음과 같이 복용하는 게 가장 간단합니다. 우선 시작은 피임을 위한 복용법인 생리 시작일에 새 포장을 시작합니다. 그럼 3주간 21정을 복용하고 1주 쉬고, 또 3주간 복용하고 1주 쉬는 게 반복되겠죠? 그러다가 수능이 다가오는 기간에는 3주 먹고 1주를 쉬는 게 아니라 휴약기 없이 쭉 이어서 먹는 거예요. 수능날까지 생리를 하면 안 되니까요. 예를 들어 21정을 다 먹었는데, 4일 후가 수능일이라면? 그럼 나흘간 4알을 추가로 더 먹으면 됩니다.

Q. 생리 5일째부터 피임약을 먹기 시작했고, 현재 12알째 복용 중이에요. 이때 질내 사정을 하면 임신 가능성이 있을까요?

A. 생리 5일째부터 복용을 시작했다면 일주일 뒤부터 피임 효과를 기대할 수 있어서 일주일간 콘돔을 병행하도록 하는데요. 12알째 매일 꾸준히 잘 복용했다면 임신 가능성은 낮습니다.

Q **생리 5일 안에 복용을 시작하지 않으면 피임 효과가 없나요?**

A 피임약은 보통 생리 시작으로 임신이 아님을 확인하고 복용하죠. 생리 시작 6일 이후에는 안전한 피임을 시작할 수가 없어요. 만약 다음 생리 주기를 기다리지 못하는 상황이고 피임약으로 피임 효과를 기대한다면 반드시 산부인과에 가서 전문가로부터 임신이 아님을 확인받아야 해요. 이것이 전제되었을 때에만 생리 시작 5일 안에 복용을 시작하지 않아도 피임 효과를 기대할 수 있어요. 다만, 이때도 일주일간 콘돔과 같은 비호르몬성 피임법을 병용해야 합니다.

Q 피임약 첫 팩째에는 피임약만으로 피임하는 게 위험한가요?

A 생리 첫날부터 약을 매일 같은 시간에 올바르게 복용했다면 여성의 호르몬 주기 상(배란 시기를 생각해 봤을 때) 먹은 즉시 나타난다고 표현 가능합니다. 그래서 첫 팩인지와 상관없이 피임약만으로 피임이 가능해요. 정확한 복용법을 지켰을 때 피임 실패 확률은 0.3퍼센트입니다. 가장 중요한 것은 올바른 복용법을 지키는 것이겠죠. 복용 시점!

Q 생리를 미루려고 피임약을 복용하다가 피임을 하고 싶다면 어떻게 약을 먹어야 하나요?

A 생리를 미루고자 피임약을 복용 중일 때에는 피임 효과를 기대할 수 없어요. 그럴 때는 콘돔으로 피임을 하다가 생리 미루기를 끝내고 다음 생리 시작일에 복용을 시작해야 그때부터 피임 효과가 있습니다.

Q 생리도 미루고 싶고 피임도 하고 싶어요. 21정을 어떻게 복용해야 하나요? 두 마리 토끼를 잡을 수 있는 방법은 없나요?

A 둘 다 목적이 있다면 일단 피임 목적 복용법을 적용해야 해요. 생리 시작일에 복용을 시작하세요. 그리고 생리를 미루고 싶은 날짜까지 21정을 다 복용하고 다음 포장도 휴약 기간 없이 쭉 이어서 먹으면 됩니다.

Q 피임약을 그만 먹고자 할 때는 어떡하나요? 언제 그만 먹어야 안전하죠?

A 피임약을 그만 먹고 싶을 때는 날짜 상관없이 복용을 중단하면 됩니다. 피임약을 중단한 후에도 피임약의 호르몬 효과가 작용하여 일시적으로 배란이나 생리가 돌아오지 않을 수 있어요. 혹시 임신 준비 때문이라면 최소 2주기(1주기=28일) 후부터는 정상적인 임신이 가능해지고요. 대부분 3개월 이내에 배란이 정상적으로 된답니다.

Q **피임약을 한 번 먹고 관계를 가져도 임신 가능성이 있나요?**

A 피임약은 한 번 복용만으로 피임이 되지 않습니다. 피임이 되려면 몸에 호르몬 농도가 유지되어야 하는데요. 그래서 피임약 복용에서 중요한 것이 '복용 시점(생리 첫날)'과 '매일 정해진 시간'에 챙겨 먹는 것이랍니다. 꼭 기억하시고 복용하길 바랍니다.

Q. 다음 달에 미국을 가는데 한국과 14시간 시차가 나거든요. 시간을 어떻게 맞춰야 할까요?

A. 한국에서 마지막으로 먹은 시간에서 24시간 뒤에 먹을 수 있게 알람을 맞춰주면 됩니다. 신체가 약물을 흡수, 대사하는 기준으로 시간을 계산해야 하기 때문입니다.

Q 여태까지 밤 10시에 꼬박꼬박 먹다가 이번 휴약기가 끝나면 저녁 6시쯤으로 복용 시간을 앞당기고 싶어요. 다음 팩부터 시간을 바꿔도 상관없을까요?

A 다음 팩부터 시간을 바꿔도 상관없습니다. 같은 팩 안에서 같은 시간에 복용하면 됩니다. 피임약 복용은 올바른 복용법이 중요해요. 휴약 기간과 매일 일정한 시간에 복용하는 것이 제일 중요하니 꼭 지키세요.

Q 생리 첫날인 줄 알고 피임약 복용을 시작했어요. 그런데 이틀 후 보니 생리가 아닌 부정출혈이었습니다. 부정출혈 중에 피임약을 복용하게 된 것인데 피임 효과가 있을까요?

A 부정출혈을 생리 시작일이라고 잘못 인지하고 복용을 시작한 경우에 피임 효과를 장담할 수 없습니다. 복용을 중단하고 생리 첫날부터 제대로 복용을 시작해야 합니다.

피임약으로 피임하기 실전편

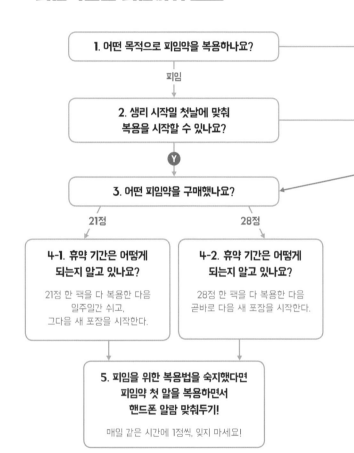

1. 어떤 목적으로 피임약을 복용하나요?

피임

2. 생리 시작일 첫날에 맞춰 복용을 시작할 수 있나요?

Y

3. 어떤 피임약을 구매했나요?

21정 / 28정

4-1. 휴약 기간은 어떻게 되는지 알고 있나요?

21정 한 팩을 다 복용한 다음 일주일간 쉬고, 그다음 새 포장을 시작한다.

4-2. 휴약 기간은 어떻게 되는지 알고 있나요?

28정 한 팩을 다 복용한 다음 곧바로 다음 새 포장을 시작한다.

5. 피임을 위한 복용법을 숙지했다면 피임약 첫 알을 복용하면서 핸드폰 알람 맞춰두기!

매일 같은 시간에 1정씩, 잊지 마세요!

생리 미루기 ⟶ **47쪽을 보세요!**

N

생리 시작 2~5일째 복용 시작

7일간 콘돔 사용 필수

생리 시작 6일째 이상 복용 시작

사랑스러운 아기가 생길 수도 있어요.
다음 주기를 기다렸다가 복용하세요.

남자들에게 알려줘야 할
피임 이야기 2

"생리 중에도 피임은 꼭 해야 해!"

생리 중이더라도 100퍼센트 안전하지 않아요. 월경 주기가 불규칙하거나, 사정된 정자가 질 안에서 일주일 이상 생존하는 경우가 있어 짧은 월경 주기로 배란이 빨라지면 임신이 될 수 있어요. 생리 중이라도 임신 가능성이 전혀 없는 것은 아니니 주의해야 합니다. 그리고 생리 기간 중의 성관계는 감염에 취약할 수 있어 가급적이면 하지 않는 것이 좋아요.

Part

4

제대로 먹은 거 맞아?

· · ·

피임약 먹을 때 궁금한 것들

▶ 약먹을시간 영상 보기

  피임약을 선택할 때
피임약 부작용을 먼저 체크하자

복용을 깜빡 잊었다면?

피임약을 복용하는 방법을 잘 숙지하고 지킨다 하더라도 정신없는 하루하루를 보내다 보면 복용 시간을 깜빡할 수가 있어요. 이때는 원래 복용 시간으로부터 몇 시간이 지났는가가 중요하답니다. 그 기준은 바로 '12시간이 넘었는가 아닌가'예요.

12시간이 지나지 않았다면 생각나는 즉시 1알을 복용하고 다음 복용 시간부터는 원래 시간을 맞춰서 계속 이어서 복용하면 돼요. 콘돔을 쓰지 않아도 피임 효과는 유지되죠. 대처법이 간단합니다. 그런데

12시간이 지나버렸다! 이러면 본인이 몇 주차에 복용을 하고 있었는지에 따라 솔루션이 달라지거든요. 상황이 좀 복잡해져요. 이럴 때는 어떻게 해야 할까요?

1 12시간이 지났는데 1주차(1~7일) 복용 중이었다.

생각난 즉시 1알을 복용하고 정해진 시간에 1알을 이어서 복용하세요. 만일 다음 복용 시간과 가깝다면 한꺼번에 2알을 복용할 수도 있어요. 하지만 7일간 콘돔 피임법을 병행해야 해요.

2 12시간이 지났는데 2주차(8~14일) 복용 중이었다.

생각난 즉시 1알을 복용하고 정해진 시간에 1알을 복용하세요. 만일 다음 복용 시간과 가깝다면 한꺼번에 2알을 복용할 수도 있어요. 본인이 피임약 복용을 깜빡한 직전 7일간 지속적으로 복용했다면 콘돔을 병행하지 않아도 돼요. 하지만 7일간 지속적으로 복용하지 않았거나 2알 이상 복용을 잊었다면 7일간 콘돔 피임법을 병행해야 해요.

❸ 12시간이 지났는데 3주차(15~21알) 복용 중이었다.

1) 피임약 복용을 깜빡한 직전 7일간 지속적으로 복용했다면?

다음 두 가지 방법 중 하나를 선택하면 돼요.

① 생각난 즉시 1알을 복용하고 정해진 시간에 1알을 복용하세요. 만일 다음 복용 시간과 가깝다면 한꺼번에 2알을 복용할 수도 있어요. 21알 복용이 끝나면 휴약 기간 없이 다음날 새 포장의 피임약 복용을 시작하세요. 콘돔 피임법은 병행하지 않아도 됩니다.

② 현재의 복용을 중단하세요. 7일간 휴약기를 가진 후

새로운 포장으로 피임약 복용을 시작하세요. 콘돔 피임법은 병행하지 않아도 됩니다.

2) 피임약 복용을 깜빡한 직전 7일간 지속적으로 복용하지 않았다면?

생각난 즉시 1알을 복용하고 정해진 시간에 1알을 복용하세요. 만일 다음 복용 시간과 가깝다면 한꺼번에 2알을 복용할 수도 있어요. 21알 복용이 끝나면 휴약 기간 없이 다음날 새 포장의 피임약 복용을 시작하세요. 7일 동안은 콘돔 피임법을 반드시 병행해야 합니다.

※ 위 방법은 21정 피임약에 해당하는 내용입니다. 28정 피임약을 복용할 경우는 122~124쪽을 참고하세요.

02

복용 중
부정출혈이 생겼다면?

처음으로 피임약을 복용하는데 혈이 나와서 '어? 왜
이러지? 뭐가 잘못된 건가?' 하고 많이 걱정할 수 있
는데요. 너무 겁먹지 않아도 됩니다. 부정출혈은
처음 피임약을 복용하는 여성에게 나타나는 흔
한 반응입니다. 이는 보통 피임약을 2~3주기(1주기
=28일) 복용한 이후에는 괜찮아지는 경우가 많아서
복용을 그대로 유지해도 됩니다. 피임약 복용을 유
지하면 출혈량은 사람마다 다르지만 보통 일주일 안
으로 멈추게 됩니다. 하지만 일주일 이상 지속된다

거나 2~3주기가 지나서 갑자기 부정출혈이 일어난다면 산부인과에서 진료를 받아보길 바랍니다. 부정출혈의 가장 흔한 원인은 피임약 복용을 깜빡 잊어버리는 경우에요. 일정한 시간에 피임약을 복용하는 것이 부정출혈을 예방하는 가장 좋은 방법입니다.

03

피임약을 중간에
변경하고 싶다면?

부작용으로 인한 불편함을 개선하고자 한다면 다른 제품으로 바꿔서 복용할 수 있어요. 그리고 상황에 따라 본인이 먹고 있는 똑같은 피임약을 구매할 수 없을 때도 있죠. 피임약을 변경할 때에는 지금 현재 몇 알을 복용했느냐와 상관없이 다음 날 바로 다른 피임약으로 복용을 시작하면 됩니다. 복용 방법은 같은 시간에 계속 복용해야 하고요. 21정을 다 복용하고 제품을 변경할 때도 7일간의 휴약기 없이 22일째에 바로 다른 피임약을 복용해요.

Q & A

피임약을 먹는데,
궁금한 게 생겼어요!

Q 피임약 한 알을 분실했어요. 그래서 20알을 먹고 휴약기를 가지는데요. 그럼 바로 다음 날부터 휴약기 7일만 갖고 다시 먹으면 되는 건가요? 아니면 8일 쉬고 다시 먹어도 상관없나요?

A 20알을 빠트리지 않고 매일 1알씩 잘 복용하셨다면 7일간만 휴약기를 가진 후 다시 새 포장으로 피임약 복용을 시작하세요. 8일 동안 휴약기를 가지는 것은 아닙니다.

Q 생리 첫날 저녁 8시에 피임약 복용하고 두 번째 약은 1시간 늦게, 세 번째 약은 30분 늦게 복용했어요. 깜박하고 늦게 먹어버렸는데 이 정도 차이로도 피임 실패율이 증가하나요?

A 그 정도 차이로 피임 실패율이 얼마만큼 올라간다고 정확하게 말씀드리기는 어려워요. 다만 그 정도 시간 차이는 너무 걱정 안해도 될 것 같습니다. 매일 같은 시간에 복용하라는 의미가 '몸속의 호르몬 농도를 일정하게 유지 시키는 것'이 포인트이기 때문인데요. 피임은 실패하면 안 되는 부분이기 때문에, 앞으로는 알람을 설정해 놓고 같은 시간에 복용하는 것이 제일 좋겠죠?

Q 지금 먹고 있는 약이 잘 맞지 않는 것 같아 다른 피임약으로 바꾸고 싶어요.

A 부작용으로 인한 불편함을 개선하고자 한다면 다른 제품으로 바꿔서 복용할 수 있는데요. 피임약을 변경할 때에는 휴약기 없이 다음 날 바로 다른 피임약으로 복용을 시작하면 됩니다. 같은 시간에 계속 복용해야 해요.

Q 해외여행을 2주가량 가게 되어 생리 예정일 일주일 전부터 3주 동안 경구피임약을 먹었습니다. 이 시점에 피임 효과가 아예 없는 건가요?

A 생리 첫날부터 복용을 시작하지 않은 경우에는 피임 효과를 장담할 수 없어요. 임신은 조금의 확률이라도 가능성이 있다면 안 되기 때문이죠! 그러나 3주 동안 21알의 경구피임약을 복용하였다면 7일간의 휴약 기간을 가지고 2번째 포장부디 피임 효과를 기대할 수 있어요. 중요한 건, 이 휴약기 동안 소퇴성 출혈을 통해 임신이 아님을 확인하세요.

Q 피임약을 먹으니까 이상하게 생리량이 확 줄었어요. 피임약 이틀 먹었다고 생리량도 적어지고 생리통도 덜한 듯한데 이런 경우도 있나요? 처음 복용하는 거라 불안하네요.

A 생리량과 생리통은 피임약 복용으로 줄어들 수 있답니다. 피임약의 호르몬 성분이 자궁내막의 혈액량을 감소시키기 때문인데요. 건강에 이상이 있는 것은 아니니 크게 걱정하지 않아도 됩니다.

Q 2년간 피임 목적으로 피임약을 먹었는데 남자친구와 헤어졌어요. 피임약을 끊어도 될까요? 아니면 계속 먹는 게 나은가요?

A 피임 목적이 더 이상 없다면 피임약을 복용할 필요는 없어요. 하지만 피임약을 복용하면서 생리통 완화, 과다한 생리량 감소, 불규칙했던 생리 주기 조절 등의 이점이 있었다면 복용을 유지하는 것도 괜찮아요.

Q. 피임약을 먹고 난 후 무기력하고 우울감을 느껴요. 이럴 때는 어떻게 해야 하나요?

A. 피임약을 처음 복용한다면 호르몬 변화 때문에 감정변화를 느낄 수 있는데요. 보통 2~3주기(1주기=28일) 동안 복용을 유지하면 몸이 호르몬에 적응되어 괜찮아집니다. 그러나 그런 느낌이 계속되거나 조절하지 못할 정도의 심한 우울감이라면 피임약을 변경해볼 수 있어요. 본인에게 잘 맞는 피임약을 찾는 것도 중요하답니다. 약국에서 상담하고 다른 피임약을 복용하세요.

Q 경구피임약을 계속 복용하고 있습니다. 부정출혈이나 피부 트러블, 복통 같은 부작용은 없어요. 그런데 성욕이 부쩍 감소하고 관계 시 애액이 엄청 부족해져서 많이 아파요. 젤이 있어도 살짝 버거울 때가 있습니다. 이것 또한 부작용일까요?

A 피임약으로 호르몬 변화가 생겨 성욕 감소, 질 건조를 호소하는 경우가 드물게 있어요. 반대로 사람에 따라 성욕 증기를 호소하는 경우도 있습니다. 아직 피임약과 성욕에 대한 명확한 관계가 밝혀지진 않았어요. 그런데 성관계 시 통증이 있고 불편한 증상이 지속된다면 피임약을 변경해볼 수 있어요. 성욕 감소 부작용이 있을 때는 에스트로겐 함량이 높은 제품을 권해드립니다. 약국에서 복용 중인 피임약을 말씀하시고 상담해보세요.

Q 피임약을 3개월 정도 먹었는데 변비가 심해서 안 먹고 있어요. 다른 피임약이 좋을까요?

A 피임약에 들어있는 여성호르몬의 영향으로 변비가 생길 수도 있어요. 하지만 우선 수분, 식이섬유 섭취와 신체 활동을 많이 하면서 변비를 예방하는 생활 습관을 함께 신경 쓰는 것이 매우 중요하답니다. 만일 그러한 노력에도 불구하고 심한 변비 증상을 보인다면 상담을 통해 제품을 변경해볼 수 있습니다.

Q 피임 목적으로 약을 먹었고 이제 3알 남았어요. 살짝 울렁거림 말고는 괜찮았어요. 3알 다 먹으면 복용을 그만뒀다가 한 달 뒤 다시 먹을 건데, 그렇게 해도 될까요?

A 울렁거림은 몸이 호르몬에 적응하면서 나타나는 반응인데요. 약을 그만두고 한 달 뒤에 다시 복용하면 몸이 새로 적응을 하면서 또 울렁거림이 나타날 수 있어요. 울렁거리는 반응을 낮추기 위해서는 한 달 뒤에 복용을 다시 시작하는 것보다 〈3주 복용 → 1주 휴약〉을 반복하는 기본적인 복용법을 유지하는 것이 좋아요.

그래도 남은 3알 복용 후에 그만두고 한 달 뒤에 다시 시작한다면 반드시 생리 시작일에 맞춰서 복용하세요. 그리고 매일 같은 시간에 복용해야 합니다.

Q 피임약을 복용하면서 13일 차부터 생리처럼 배가 아프고 양이 많은 혈이 나왔어요. 18일 차에 잠잠해졌지만 20일 차에 생리처럼 진한 갈색 혈이 나왔고요. 처음 복용했던 생리 후 3일을 제외하고는 약 먹는 내내 출혈이 계속되는데 어떻게 해야 하나요?

A 피임약을 복용하는 초기에는 부정출혈이 발생하는 경우가 많은데요. 보통은 복용을 유지하면 일주일 이내로 부정출혈이 멈추게 돼요. 하지만 이런 경우처럼 출혈량이 많고, 일주일 이상 지속되고 배가 아픈 증상까지 있다면 병원에 가보길 권합니다.

Q 얼마 전 출산한 아기 엄마입니다. 피임을 하고 싶은데 언제부터 피임약을 복용해도 될까요? 아기에게는 분유를 먹이고 있어요.

A 출산 후 피임약을 복용하면 혈전 위험성이 있어 주의해야 하는데요. 모유 수유를 하지 않는 경우, 출산 후 42일이 지나면 피임약을 복용할 수 있어요. 출산 후 첫 일주일에 혈전 위험성이 가장 높고, 점차 낮아지게 됩니다. 출산 후 21일 이후부터 임신할 확률이 계속 증가하기 때문에 이 기간에는 피임약이 아닌 콘돔과 같은 비호르몬적 방법으로 피임을 하세요. 그리고 42일이 지난 이후 시작하는 생리 첫날부터 피임약 복용을 시작하면 된답니다.

POINT

이것만은 꼭
기억하자

피임약, 먹을까 말까?

♥ 안전할까?

피임약 복용에 주의가 필요한 경우가 아니라면 안전하게 복용 가능.

불임이나 기형아 발생의 위험성 낮음.

•**5년 이상 장기간 복용 시**: 자궁경부암, 유방암 ↑ / 자궁내막암, 난소암 ↓ / 최근에는 저함량 에스트로겐 제품으로 출시되어 암 발생 위험률이 현저히 낮아짐.

♥ 복용을 주의해야 하는 경우는?

특정 질환(심혈관, 간, 당뇨, 유방암 등)과 흡연, 출산, 복용 중인 약이 있을 때

♥ 나에게 잘 맞는 피임약을 고르려면?

약국과 병원에서 이야기할 것: ① 체질 상태 ② 질병 ③ 복용 중인 약

♥ 복용을 중단해야 하는 심각한 부작용은?

심한 다리 통증, 매우 심한 저림, 가슴 통증, 호흡 곤란,
시야 이상, 심한 복통, 심한 편두통, 황달, 혈압 상승 등

♥ 피임약 종류는?

분류		해당제품 (*저함량 에스트로겐)	성분명 (프로게스틴)
일반 의약품	2세대	라니아정*, 미니보라30, 애니브정, 에이리스정*	레보노르게스트렐 (Levonorgestrel)
	3세대	머시론정*, 보니타정*, 센스데이정*	데소게스트렐 (Desogestrel)
		디어미정*, 마이보라정, 멜리안정*, 미뉴렛정, 센스리베정*	게스토덴 (Gestodene)
전문 의약품 (처방전필요)	4세대	야스민정, 야즈정*	드로스피레논 (Drospirenone)
		클래라정	디에노게스트 (Dienogest)

에스트로겐 성분: Ethinyl estradiol, 클래라정만 Estradiol valerate
(2019년 7월 제품유통 현황 기준)

생리를 미루려면 어떻게 먹지?

♥ 생리를 미루기 위해서는 어떻게 먹어야 할까?

생리 예정일 7일 전부터 미루고 싶은 날짜까지, 식사와
관계없이 매일 일정한 시간에 1알씩 복용하기.

♥ 생리 주기가 불규칙하면?

생리 예정일 10~14일 전부터 복용하기.

♥ 생리 예정일이 2~3일밖에 안 남았다면?

얼마 남지 않았다면 생리를 미룰 수 없음.

피임을 하려면 어떻게 먹지?

♥ 피임 목적으로는 어떻게 먹어야 할까?

생리를 시작한 첫날부터 식사와 관계없이 매일 일정한 시간에 1알씩 복용하기.

♥ 생리 시작 첫날을 놓쳤다면?

• **생리 2~5일째부터 복용:** 7일간 콘돔과 같은 비호르몬성 피임법을 병행.

• **생리 6일째 이후:** 안전한 피임 효과를 기대하기 어려우니 다음 생리 시작일부터 복용.

♥ 계속 피임을 하고 싶다면?

• **21정짜리:** 21정 복용 + 7일간의 휴약기 (휴약기 8일째부터 새로운 팩을 복용) → 반복

• **28정짜리:** 휴약기 없이 계속 이어서 복용 (28정 복용 + 새

로운 팩 바로 복용) → 반복

♥ 약을 먹으면 피임 효과는 언제부터 생길까?

피임약 복용 첫날부터! 단, 복용법을 제대로 지켰을 때!

(생리 첫날부터, 매일 같은 시간)

♥ 21정짜리 약을 복용할 때, 휴약기 동안에도 피임이 될까?

피임 효과가 유지된다. 단, 복용법을 제대로 지켰을 때!

(생리 첫날부터, 매일 같은 시간)

♥ 피임약 복용 중 부정출혈이 생겼다면?

출혈과 상관없이 계속 복용 유지 → 보통 일주일 이내
멈춤.

일주일 이내 멈추지 않거나, 2~3주기(1주기=28일)가 지
나서 갑자기 부정출혈이 생기면 산부인과 진료를 추천.

♥ 피임약을 중간에 변경하고 싶다면?

휴약기 없이 바로 다음 날 변경하여 복용.

21정짜리 피임약 복용을 잊었다면?

12시간이 지났나요?

피임 효과 감소 · 복용 몇 주차인가요?

복용 1주차(1~7알)

생각난 즉시 잊은 마지막 정제 1알 복용.

만약 다음 복용 시간과 겹치게 되면 한 번에 2알 복용.

평상시대로 정해진 시간에 다음 정제 복용.

복용 후 7일간 콘돔 등 보조 피임법 병행.

복용 2주차(8~14알)

생각난 즉시 잊은 마지막 정제 1알 복용.

만약 다음 복용 시간과 겹치게 되면 한 번에 2알 복용.

평상시대로 정해진 시간에 다음 정제 복용.

두 번 이상 복용을 잊었나요?

복용 후 7일간 콘돔 등 보조 피임법 병행.

보조 피임법 필요 없음.

복용 3주차(15~21알)

첫 번째 정제를 잊기 직전 7일 동안 매일 복용했나요?

아래의 방법 중 하나를 선택한다.

❶ 복용 중단.
7일간 휴약기 가진 후 새로운 포장으로 피임약 복용 다시 시작.

❷ 생각난 즉시 잊은 마지막 정제를 1알 복용. 만약 다음 복용 시간과 겹치게 되면 한 번에 2알 복용.

평상시대로 정해진 시간에 다음 정제 복용.

21알 복용이 끝나면 휴약 기간 없이 다음날 새 포장의 피임약을 시작.

12시간이 안 지났나요?

Y

피임 효과 유지

복용 시기 상관없음.

생각난 즉시 1알 복용.

정해진 시간에 다음 정제 복용.

보조 피임법 필요 없음.

N

생각난 즉시 잊은 마지막 정제 1알 복용.

만약 다음 복용 시간과 겹치게 되면 한 번에 2알 복용. 평상시대로 정해진 시간에 다음 정제 복용.

21알 복용이 끝나면 휴약 기간 없이 다음날 새 포장의 피임약 복용 시작.

보조 피임법 필요 없음.

복용 후 7일 간 콘돔 등 보조 피임법 병행.

보조 피임법 필요 없음.

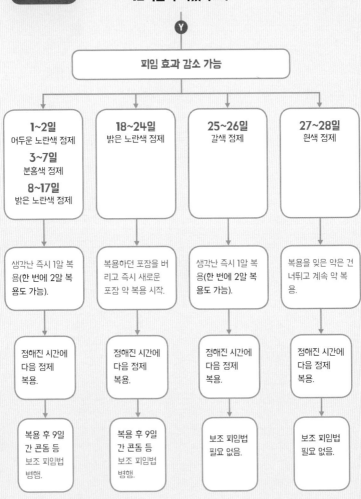

28정짜리 복용을 잊었다면?
【클래라정】

12시간이 지났나요?

Y

피임 효과 감소 가능

| **1~2일** 어두운 노란색 정제 **3~7일** 분홍색 정제 **8~17일** 밝은 노란색 정제 | **18~24일** 밝은 노란색 정제 | **25~26일** 갈색 정제 | **27~28일** 흰색 정제 |

생각난 즉시 1알 복용(한 번에 2알 복용도 가능).

복용하던 포장을 버리고 즉시 새로운 포장 약 복용 시작.

생각난 즉시 1알 복용(한 번에 2알 복용도 가능).

복용을 잊은 약은 건너뛰고 계속 약 복용.

정해진 시간에 다음 정제 복용.

복용 후 9일간 콘돔 등 보조 피임법 병행.

보조 피임법 필요 없음.

12시간이 안 지났나요?

Y

피임 효과 유지

복용 시기 상관없음.

생각난 즉시 1알 복용.

정해진 시간에 다음 정제 복용.

보조 피임법 필요 없음.

출처: 식품의약품안전처

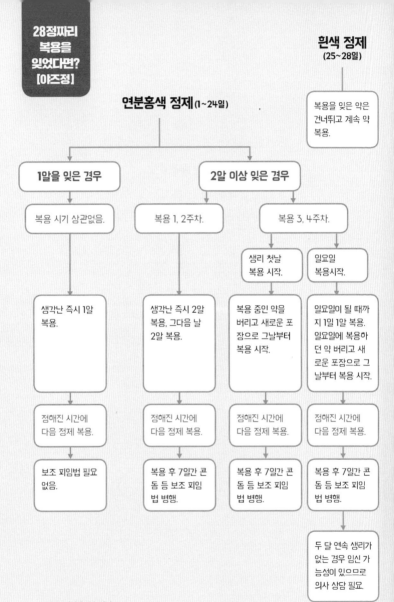

28정짜리 복용을 잊었다면? [야즈정]

흰색 정제 (25~28일)
복용을 잊은 약은 건너뛰고 계속 약 복용.

연분홍색 정제 (1~24일)

1알을 잊은 경우
복용 시기 상관없음.

생각난 즉시 1알 복용.

정해진 시간에 다음 정제 복용.

보조 피임법 필요 없음.

2알 이상 잊은 경우

복용 1, 2주차.

생각난 즉시 2알 복용, 그다음 날 2알 복용.

정해진 시간에 다음 정제 복용.

복용 후 7일간 콘돔 등 보조 피임법 병행.

복용 3, 4주차.

생리 첫날 복용 시작.

복용 중인 약을 버리고 새로운 포장으로 그날부터 복용 시작.

정해진 시간에 다음 정제 복용.

복용 후 7일간 콘돔 등 보조 피임법 병행.

일요일 복용시작.

일요일이 될 때까지 1일 1알 복용. 일요일에 복용하던 약 버리고 새로운 포장으로 그날부터 복용 시작.

정해진 시간에 다음 정제 복용.

복용 후 7일간 콘돔 등 보조 피임법 병행.

두 달 연속 생리가 없는 경우 임신 가능성이 있으므로 의사 상담 필요.

출처: 식품의약품안전처

부록

* * *

피임약 다이어리, 왜 써야 할까?

긴급! 응급할 때 먹는 사후피임약

피임약 다이어리, 왜 써야 할까?

● 피임약 다이어리를 써야 하는 이유

① 여성의 몸은 한 달 주기로 돌아갑니다. 호르몬의 영향이죠. 생리 시작하는 날과 끝나는 날, 피임약 복용에 따른 변화를 잘 체크하면 내 몸의 주기와 건강 상태를 파악할 수 있어요. 만약 생리 주기가 달라진다면 혹시 건강에 이상이 생기지는 않았는지 미리 살펴볼 수 있겠죠? 내 몸의 주기와 리듬을 잘 살펴야 나에게 꼭 맞는 약을 건강하게 먹을 수 있을 것입니다. 내 몸은 내가 아끼고 잘 챙겨줘야 하니까요.

② 피임약은 복용법이 아주 중요한 약이에요. 언제 먹기 시작하느냐에 따라 약의 효력이 결정되고, 또 매일 일정한 시간에 먹어야 하죠. 그래서 시간도 잘 지켜야 하고, 몇 번째 약을 먹는지 등에 따라 몸의 변화를 잘 지켜보는 것이 좋습니다.

• 피임약 다이어리에 꼭 적어야 할 것들

① 생리 시작하는 날과 끝나는 날을 적습니다. 생리를 미룰 때
는 생리 예정일과 중요한 스케줄을 함께 적어둡니다.

② 피임약 복용 시작일과 복용 완료일을 잘 적습니다. 약을 잘
복용했는지 혹은 깜빡 빠뜨린 날은 없는지도 적어야 하죠.
피임약 세트를 먹기 시작해서 그달 먹은 알약 개수도 적어
두고요. 매일의 복용 시간도 잘 적어야 합니다. 자연스럽게
휴약 기간도 알 수 있게 되겠죠.

③ 피임을 목적으로 복용한다면 성관계한 날짜, 콘돔 등 다른
피임법 사용 여부도 함께 적어야 합니다.

④ 특이사항이 있다면 메모합니다. 부정출혈, 두통, 메스꺼움,
기분 변화, 유방 압통 등 다른 불편한 증상이 있다면 파악
해 둡니다.

※ 별책으로 드리는 피임약 다이어리 〈세 달의 기록〉을 꼭 활용해
보세요. 생리 주기와 피임약 복용 시기를 메모하고, 그날그날 몸
과 마음의 변화를 기록하는 거죠. 3개월 후, 그동안 모르고 지나
쳤던 내 몸과 마음의 흐름을 파악할 수 있을 거예요.

MONTH | 8 August

체크리스트	Day	1	2	3	4	5	6	7	8	9	10	11	12
생리 예정일, 생리 시작 / 끝													
피임약 복용시작 / 끝(휴약기간)													
사랑한 날			♥										
베트남 여행													
이달의 시험											◉		

Sunday	Monday	Tuesday	Wednesday	Thursday
( )	( )	( )	( )	1 (6)
4 (9)	5 (10)	6 (11)	7 (12)	8 (13)
11 (16) 연남동 핫플 투어 시험 끝났으니까 보상day~	12 (17)	13 (18)	14 (19) 5시 강남역 11번 출구	15 (20)
18 (X)	19 (X) ● 생리 시작	20 (X)	21 (X)	22 (X)
25 (2) 토익시험	26 (3)	27 (4) ♥	28 (5) ♥	29 (6) ♥ 베트남 여행(다낭&호이안)

13	14	15	16	17	18	19	20	21	22	23	24	25	26	27	28	29	30	31
						◆				◆								
			★								★							
			♥											♥	♥	♥		
												●					●	
												◉						

Friday		Saturday		memo
2	⑦	3	⑧	
♥ S데이트 어반 플레이스				
9	⑭	10	⑮	한국사 시험 막판 열공! 기출 완전 정복, 목표 80점!!
		한국사 시험		
16	㉑	17	✕	피임약 세트 끝. 다음 세트부터는 시간을 바꿔볼까?
♥ S데이트 호텔 인나인 피임약 세트 끝		휴약기 시작		
23	✕	24	①	피임약 세트 시작. 이번 세트부터 밤 9시에 챙겨 먹기.
● 생리 끝 휴약기 끝		피임약 New 세트 시작		
30	⑦	31	⑧	라시에스타 호텔. 마사지 받고, 스파 예약 완료. 맛집&조식 털고 간다!!^^ 베트남은 우리보다 2시간 빠름. 현지시간으로 오후 9시에 약 먹기. 잊지 말자.

피임약 먹을 시간 !  **AM** **PM** 2019년 8월 12일 ~ 8월 18일

12 / 월요일		13 / 화요일	
	♡		♡
피임약 먹은 시간 7 : 15		피임약 먹은 시간 7 : 00	
오늘 피임약 순서 17		오늘 피임약 순서 18	

몸의 변화	☐ 부기 ☐ 여드름 ☐ 유방압통 ☐ 두통 ☐ 메스꺼움 ☐ 변화없음 ☑ 기타 아랫배 더부룩, 가스 참.	몸의 변화	☐ 부기 ☐ 여드름 ☐ 유방압통 ☐ 두통 ☐ 메스꺼움 ☐ 변화없음 ☑ 기타 아랫배 더부룩
오늘의 기분	-5 -4 -3 -2 -1 0 +1 **+2** +3 +4 +5	오늘의 기분	-5 **-4** -3 -2 -1 0 +1 +2 +3 +4 +5
피임약 외 복용약 ☐ 무 ☐ 유		피임약 외 복용약 ☐ 무 ☐ 유	

떡볶이가 급 땡긴다.
다음 주가 생리예정일이구나.
그래, 어쩐지 요 며칠 식욕이 터진다 했다.

이번에는 매운 게 땡긴다.
미친 몸뚱아리 ㅠ.ㅠ

14 / 수요일		15 / 목요일	
	♡		♡
피임약 먹은 시간 7 : 05		피임약 먹은 시간 7 : 05	
오늘 피임약 순서 19		오늘 피임약 순서 20	

몸의 변화	☑ 부기 ☐ 여드름 ☐ 유방압통 ☐ 두통 ☐ 메스꺼움 ☐ 변화없음 ☑ 기타 부정출혈	몸의 변화	☑ 부기 ☑ 여드름 ☐ 유방압통 ☐ 두통 ☐ 메스꺼움 ☐ 변화없음 ☐ 기타
오늘의 기분	**-5** -4 -3 -2 -1 0 +1 +2 +3 +4 +5	오늘의 기분	**-5** -4 -3 -2 -1 0 +1 +2 +3 +4 +5
피임약 외 복용약 ☐ 무 ☐ 유		피임약 외 복용약 ☐ 무 ☐ 유	

부정출혈 있음. 살짝 피 비침.
출혈량은 매우 적음.
괜히 남친하고 싸우고.. 눈물나고..
식욕터지고... 돌아이 된 듯. ㅠ.ㅠ

부기때문에 아랫배 터질 것 같음.
턱드름 나고, 성격 파탄되고...
호르몬의 노예, 너무 싫다.

16 / 금요일	17 / 토요일
피임약 먹은 시간　6 : 50　♥	피임약 먹은 시간　♡
오늘 피임약 순서　21 / 마지막	오늘 피임약 순서　휴약기 1

몸의 변화	☑ 부기　　□ 여드름 □ 유방압통　□ 두통 □ 메스꺼움　□ 변화없음 □ 기타	몸의 변화	☑ 부기　　□ 여드름 □ 유방압통　□ 두통 □ 메스꺼움　□ 변화없음 □ 기타
오늘의 기분	-5 -4 -3 -2 -1 0 **+1** +2 +3 +4 +5	오늘의 기분	-5 **-4** -3 -2 -1 0 +1 +2 +3 +4 +5
피임약 외 복용약	□ 무　□ 유	피임약 외 복용약	□ 무　□ 유

울 자기 만나서 기분이 조크든요.
잘 이해해줘서 정말 고마워.

몸도 무겁고, 비도 오고. 왠지 우울하다.
밥 두 그릇 먹어도 허기져.
다이어트는 망...

18 / 일요일	이번 주 정리하기
피임약 먹은 시간　♡	지난주 체중 (56.2) kg　이번주 체중 (57.8) kg
오늘 피임약 순서　휴약기 2	내 몸에 잘해준 일 □ 런데이 4일 □ 그냥 먹고싶은 것 다 먹었다. 　정신 건강도 중요하니까!

몸의 변화	☑ 부기　　□ 여드름 □ 유방압통　□ 두통 □ 메스꺼움　□ 변화없음 □ 기타
오늘의 기분	-5 -4 -3 -2 -1 0 **+1** +2 +3 +4 +5
피임약 외 복용약	□ 무　□ 유

내 몸에 잘못한 일
□ 다이어트는 다음 주 부터!
□

일요일엔 치킨이지.
식욕 미친 듯.

베트남 여행 가기 전, ☆☆
다음 주는 바짝 다이어트!

출처: 피임약 다이어리 〈세 달의 기록〉 중에서

긴급! 응급할 때 먹는 사후피임약

● 사전피임약 vs. 사후피임약

사전피임약은 에스트로겐과 프로게스틴 두 가지 호르몬이 복합적으로 포함된 약으로, 생리 시작일부터 매일 일정한 시간에 복용해야 해요.

반면 사후피임약은 단일 성분으로 성관계 후에 응급으로 한 번 복용해서 인위적으로 임신 가능성을 낮추는 약물이에요. 피임을 하지 않은 상태에서의 성관계, 피임 방법이 불확실할 때 또는 피임 방법이 실패한 경우 사용하는 응급피임제입니다.

● 사후피임약에는 어떤 게 있을까요?

레보노르게스트렐(levonorgestrel)과 울리프리스탈(ulipristal) 2가지 성분이 있고, 모두 의사의 처방이 필요한 전문의약품이에요.

- levonorgestrel 성분: 노레보원정®, 포스티노-1정® 등
- ulipristal 성분 사후피임약: 엘라원정®

● **사후피임약은 어떻게 먹나요?**

① 사후피임약은 가능한 한 빨리 투여할수록 효과가 높아지므로 최대한 빨리 복용해야 해요.
 - levonorgestrel 성분: 가능한 빠르게, 늦어도 성관계 후 72시간 이내
 - ulipristal 성분: 가능한 빠르게, 늦어도 성관계 후 120시간 이내

② 복용 후 3시간 이내에 구토를 했을 때는 약효를 보장할 수 없기 때문에 바로 1알을 추가로 복용해요.

③ 이미 착상이 이루어진 후에는 효과가 적으며, 사후피임약의 종류에 따라 성관계 후 72시간 또는 120시간이 지났을 때 복용한 경우에는 효과가 없으므로 복용하지 않는 것이

좋아요.

● 어떤 부작용이 있나요?

고농도의 호르몬 약물로 신체에 급격한 변화를 가져오기 때문에 부작용 가능성이 높아요.
메스꺼움, 구토, 두통, 월경 지연 등의 부작용이 있어요. 대부분의 이상 반응은 2~3일이 지나면 사라지지만 만일 그 후에도 지속된다면 전문가와 상의해야 합니다.

● 사후피임약 복용 시 궁금해요!

사후피임약을 먹으면 사전피임약과 같은 효과가 나타나나요?

피임 목적으로 사후피임약을 복용할 수 있지만 사후피임약은 긴급 피임제로서 응급으로 사용하는 약물이기 때문에 일반적인 피임 방법을 대신해서 사용해서는 안 돼요.

사후피임약을 복용하면 임신할 가능성이 전혀 없나요?

사후피임약으로 모든 경우의 임신이 방지될 수 있는 것은 아니에요. 게다가 복용 시간이 늦어질수록 피임률이 급격하게 떨어지기 때문에 최대한 빠른 시간 내에 복용해야 합니다. 만약 생리 예정일에 비정상적 출혈이 있거나 생리 예정일에서 5일이 지나도 생리가 없으면, 임신 가능성을 고려해서 반드시 임신 여부를 확인해야 해요. 사후피임약이 100퍼센트 피임을 보장하는 건 아니랍니다.

Q 성관계 전에 예방목적으로 사후피임약을 복용하거나, 복용 후 뒤이은 성관계에도 피임 효과가 있을까요?

A 사후피임약을 이용하여 긴급 피임을 한 이후 뒤이은 성교 시에는, 다음 생리 주기가 시작되기 전까지 비호르몬적 국소 피임법(콘돔, 살정제, 자궁 내 피임장치, 피임용 캡 등)을 이용할 것이 권장됩니다. 사후피임약을 복용한 이후의 성관계에 대해서는 피임 효과를 보장할 수 없어요. 그래서 예방 목적으로 드시는 것도 안 됩니다.

Q 사후피임약을 복용한 뒤엔 언제부터 사전피임약을 복용할 수 있나요?

A 사후피임약을 복용한 다음 날부터 사전피임약 복용이 가능하지만 피임 효과를 보장할 수는 없어요. 사후피임약을 복용한 후 다음 생리 주기가 시작되기 전까지는 반드시 콘돔과 같은 비호르몬성 피임법이 필요해요. 일반적으로 사전피임약은 사후피임약 복용 후 다음 생리 주기가 시작된 이

후부터 복용하는 것을 권장합니다.

Q 사전피임약을 챙겨 먹기가 너무 힘들어서 사후피임약을 먹을까 하는데, 사후피임약을 자주 먹어도 될까요?

A 사후피임약은 사전피임약보다 부작용이 흔하게 발생하고요. 고농도의 호르몬 약이기 때문에 자주 먹으면 해로울 수 있어요. 반복적으로 복용하는 건 추천하지 않습니다.

내 몸에 가장 잘 맞는 복용법

피임약 처음 먹어요

초판 1쇄 인쇄 ｜ 2019년 9월 19일
초판 1쇄 발행 ｜ 2019년 9월 26일

지은이	｜ 천제하·최주애	
펴낸이	｜ 전준석	
펴낸곳	｜ 시크릿하우스	
주소	｜ 서울특별시 마포구 독막로3길 51, 402호	
대표전화	｜ 02-6339-0117	
팩스	｜ 02-304-9122	
이메일	｜ secret@jstone.biz	
블로그	｜ blog.naver.com/jstone2018	
페이스북	｜ @secrethouse2018	
인스타그램	｜ @secrethouse2018	
출판등록	｜ 2018년 10월 1일 제2019-000001호	

ISBN 979-11-90259-01-9 03320

- 이 도서의 국립중앙도서관 출판예정도서목록(CIP)은 서지정보유통지원시스템 홈페이지
  (http://seoji.nl.go.kr)와 국가자료종합목록시스템(http://www.nl.go.kr/kolisnet)에서 이용하
  실 수 있습니다. (CIP제어번호 : CIP2019030035)